DATE DUE

OCT 27 '92			